チャレンジ！キッズスピーチ

英語対訳つき

フリー・ザ・チルドレン・ジャパン 編
中島早苗・天野Faith冬樹 著

1 できるよ！はじめてのスピーチ

大月書店

目次

はじめに ……… 3

1 子どもが声をあげるってだいじ！ …… 6
- ゆたかな子ども時代をすごすために必要な四つの「子どもの権利」…… 7

2 12歳がつくったNGO
── フリー・ザ・チルドレン物語 …… 8
- インドとカナダの子どもによる共同宣言（要約）…… 13

3 クレイグのスピーチを読んでみよう …… 14

4 スピーチってなんだろう？ …… 18
- スピーチ・おしゃべり・作文　どうちがう？ …… 19
- スピーチいろいろ …… 19
- グッド・リスナーとバッド・リスナー …… 20
- スピーチ〇×クイズ …… 21

5 スピーチで何を話す？ …… 23
- たとえば、どんな問題がある？ …… 25
- いろいろな情報源 …… 27
- スピーチ8か条 …… 28

6 スピーチ原稿をつくってみよう！ …… 30
- スピーチ・アウトライン・ワークシート …… 34

7 実際にスピーチをやってみよう！ …… 36

8 子どものスピーチの例を読んでみよう！ …… 40
- はるかさん（12歳）のスピーチ …… 40
- オクサナさん（18歳）のスピーチ …… 42

おわりに ……… 44
- スピーチ印象チェックシート …… 巻末

はじめに

スピーチってにがて？

きみは、人前で話すことは得意かな？
「友だちとのおしゃべりは好きだけど、おおぜいの前で話すのはにがて……」っていう人が多いかもしれないね。

じゃあ、なぜ、にがてなんだろう？
「何を話したらいいか、わからない」
「うまく話せなかったら笑われるし、はずかしい」
「失敗するかもしれないし、緊張する」
……そんな声が聞こえてきそうだね。

そんな、「人前で話すなんてむり！」って思っているきみにこそ、この本はおススメ。
この本には、人前で話すこと、つまり「スピーチ」が得意になるヒントが、たくさんつまっているよ。たとえば「どんなときに、どんなスピーチをするのか」「スピーチ原稿のつくり方」「どんなふうに話したら聞いている人にうまく伝わるか」など。

え？「いまじゃなくて、おとなになってからでいいよ。だってスピーチって、おとながするものでしょ」だって？
ちょっとまって！ スピーチをするのに、年齢は関係ないんだよ。

小学生でも、中学生でも、高校生でも、子どもだろうとおとなだろうと、だれだってスピーチをしていい。

それに、子どもだからこそできるスピーチもあるんだ。

それでも、「自信ないなぁ」「むりに人前でなんか話したくないよ」って思うかもしれないね。

たしかに、そう思うのもむりはない。日本では、年上の人を敬うという文化がある一方で、子どもや若者が、年上の先輩やおとなに意見を言うのは「なまいき」だと思われる風潮が、いまだにあるからね。

まして、世の中の問題について自分の意見を言ったりしたら、「子どものくせに！」なんて言われてしまうかもしれない。

でも、どんなことでも、だまっていては気持ちは伝わらないし、いやなことをがまんしているだけでは変わらない。先輩やおとながいつも正しいとはかぎらない。

もし、きみのなかに、だれかに伝えたい思いや考えがあれば、勇気を出して声をあげていいんだ。

この本は、そんなきみの秘めた思いを応援するための本だよ。

スピーチってすごい！

　歴史のなかには、スピーチで社会を動かし、世界にも影響をあたえた人物がいるのを知っているかな？

　たとえば、奴隷制度の廃止をうったえ、「人民の人民による人民のための政治」という、歴史に残るスピーチをしたアメリカのリンカーン大統領。

　同じくアメリカで、人種差別をなくすために立ち上がり、「I have a dream（わたしには夢がある）」というスピーチで人びとの心を動かしたキング牧師。

　スピーチは「生きているアート」ともいわれるけれど、その人の強い思いがこもったスピーチは、人の心を動かし、世の中の考え方を変えることもある。

　そう、スピーチにはすごい力があるんだよ！

　たとえば、クラスのなかのいじめや、学校や地域で起きていることについて、「おかしいな」「どうにかしたい」と思ったことはないかな？

　また、世界の環境問題や、貧困、差別といった社会問題を知って、「どうしてなんだろう」「自分にもできることはないかな」と思ったことはない？

　でも、それを友だちに言うと「まじめなやつ」「優等生」なんて言われるかもしれないと思って、口にできずにいるかもしれないね。

　でも、この本を読んでもらえれば、子どもでもそんな思いをもつのは自然なことで、きみだけじゃないってことがわかるはず。

　「おかしい」と感じた身近なことや、「どうにかしたい」と思う問題に気がついて、それをみんなの前でことばにした子どもは、世界中にいる。

　そして、そのなかの何人かは、それを通じて仲間をふやし、実際に世の中を変えることに成功しているんだ。そんな子どもたちの事例を、この本の2巻、3巻では紹介しているよ。

　社会の問題に取り組んでみたい、もっとみんなが幸せになれる世の中にしたいと思っているのは、きみだけじゃない。きみにはたくさん、仲間がいることを、おぼえていてほしいんだ。

子どもにも
世界を変える力がある

　わたしたち「フリー・ザ・チルドレン」は、カナダで12歳の少年クレイグが設立し（→8ページ）、日本では1999年から活

動をスタートして、「子どもには世界を変える力がある！」ということを伝えつづけてきた。その結果、いまでは1000人以上もの日本の子どもや若者がメンバーとなって活動している。

社会や世界の問題をどうにかしたいって真剣に考えているのは、きみだけじゃないんだってことが、ここからもわかるよね。

そんな1000人以上の子どもや若者ともいっしょに「どうやったら世界を変えられるだろう？」と考え、サポートしているなかで、わたしたちが感じてきたことがあるんだ。

それは、「伝えたいことに対する情熱と、ちょっとしたスキル（技術）があれば、だれでもすばらしいスピーカーになれる」ってこと。

最初は「緊張するから」と人前で話すのをいやがっていたメンバーが、スピーチの練習をかさねて、最後にはおおぜいの人の前で、勇気を出してどうどうとスピーチをし、それを通じて成長していくすがたを、わたしたちはたくさん目にしてきた。

だから「もっと多くの日本の子どもたちに、スピーチの楽しさと、ちょっとしたコツを伝えたい！」と思って、この本をつくることにしたんだ。

自分の思いを伝える方法、世界のいろんな問題にとりくむ方法は、もちろんスピーチだけじゃない。詩に書いて伝えても、絵を描いてもいいし、演劇や音楽、映像に撮影するなど、表現する方法はたくさんある。でも、スピーチのコツを学ぶと、ほかのいろんな表現の方法をみがくのにも役に立つ。「伝えること、表現すること」のいちばん根っこにあるのは「情熱（Passion）」だということは同じだからだ。

「子どもには世界を変える力（パワー）がある！」

それはたしかだけど、その力を使うかどうかは、きみしだい。

きみはこれから、どんなことに対して声をあげていくのかな。きみがスピーチを通して世界を変える力を応援しているよ。

Raise your voice!（声をあげよう！）

フリー・ザ・チルドレン・ジャパン
中島早苗　天野Faith冬樹

1 子どもが声をあげるってだいじ！

● 「子どもの権利」はきみにもある

「はじめに」で紹介したように、わたしたちフリー・ザ・チルドレンは、小学生や中学生、高校生のみんなが、自分の考えや思いをスピーチでまわりに伝えるのを応援したいと思って、この本をつくることにしたんだ。

なぜなら、ひとりひとりの子どもには、自分に関係のあることなら何でも、自分の意見を自由に言うことができるし、その意見をまわりから尊重され、しっかりと聞いてもらえることが、「子どもの権利」として保障されているから。

いきなり「権利」とか「保障」って言われても、よくわからないかもしれないね。

権利とは、「人間として生きるために、世界中の人にあたりまえに認められている、要求したり意思をあらわしたりする力」のことだよ。

そして、子どもには、子どもだけがもっている、特別な「子どもの権利」があるんだ。

みんなは「子どもの権利条約」って聞いたことがある？

これは、世界中のすべての子どもが、自分らしく、健康的に、安心してゆたかにすごせることを願って、1989年に世界の国ぐにが集まってつくった約束ごと（条約）だよ。

この条約に参加した国の政府は、この条約に書かれた、さまざまな子どもの権利が守られるように、あらゆる努力をしなくてはならない。そのことを「保障」というんだ。

もちろん、日本の政府もこの条約に参加している（1994年から）。

つまり、日本でくらすきみも当然、この「子どもの権利」をもっている。健康に成長できるよう、いろいろな危険から守られるのと同時に、社会の一員として尊重され、ひとりの人間として、自分の意見を発信できる。そして、日本の政府やおとなたちは、そんなきみたちの権利の実現を助けます、ってことなんだ。

「子どもの権利条約」の条文には、どんな内容が書かれているのか、見てみよう。

この条約がめざすのは、すべての子どもがゆたかな子ども時代をすごせるようになること。そのために、政府やおとなたちが何をしなくてはいけないかが、全部で54の条文に示されている。この条約で保障されている子どもの権利は、おもに四つに分類できるよ。

ゆたかな子ども時代をすごすために必要な四つの「子どもの権利」

「子どもの権利条約カードブック」
日本ユニセフ協会抄訳より

育つ権利
教育を受け、休んだり遊んだりできること。考えることや信じることの自由が守られ、自分らしく育つことができること。

生きる権利
病気やけがの治療を受けられること、予防できる病気などで命をうばわれないこと。

参加する権利
自由に意見を表明したり、集まってグループをつくったり、自由な活動をおこなったりできること。

守られる権利
あらゆる種類の暴力や虐待、搾取＊から守られること。障がいのある子どもや少数民族の子どもなどは、特別に守られること。

＊搾取とは、社会のなかにある地位や力関係を利用して、強い人が弱い人を働かせて利益を得ること。

● **意見を言うのはたいせつな権利**

ここで、とくに知ってもらいたいのは、最初にも伝えた「子どもの意見表明権」についてなんだ。

> 第12条　子どもは、自分にかかわることについて、自分の意見や願いをいつでも、どんなかたちでもあらわすことができ、それを尊重される権利をもつ。

これは、子どもの権利条約のなかでも、とってもたいせつな権利なんだよ。

ちょっと考えてみよう。家族のなかでも、学校でも、自分に関係のあることなのに、自分の意見を無視していろんなルールが決められてしまったら、いやだよね。

きみに関することや、きみと同年代の子どもたちのことなのに、「子どもだから」と意見を無視して勝手に決めるのは、（たとえ親や先生であっても）おかしい。

だから、不安なこと、おかしいと思うこと、変えたいこと、こうしてほしいと思うことがあれば、いつでも意見を言う権利を、きみはもっている。

きみが意見を言ったことに対して、「子どものくせに」と怒ったり、無視したりするおとなもいるかもしれない。でも、それはその人がまちがっているんだよ。

子どもは子どもの専門家。きみがどう感じているか、どうしてほしいか、それを知っているのはだれよりも、きみ自身だ。

そして、ひとりひとりがちがう意見をもつことは当然だし、いいことなんだ。だから、きみ自身が子どもとして声をあげることが、とてもだいじなんだよ。

そして、そんなきみの意見を、たいせつなものとして、社会はしっかりと受けとめる責任があると、子どもの権利条約は言っているんだ。

だから、もし、きみのまわりに気になること、おかしいと思うこと、変えたいと思うことがあったら、ぜひ、はずかしからずに勇気をもって、声をあげてみよう。

つぎの章では、実際に、おかしいと思ったことを声に出し、仲間をつのり、そして世界で活動する団体「フリー・ザ・チルドレン」の創設者になった、カナダの少年クレイグの物語を読んでみよう。

2 12歳がつくったNGO ——フリー・ザ・チルドレン物語

● **運命の新聞記事**

1995年4月19日の朝。カナダに住む12歳の少年クレイグ・キールバーガーは、学校に行く前にいつも、新聞のマンガを読むのが日課だった。

その日もいつものように新聞に手をのばしたとき、1面の記事が目にとびこんできた。

> 児童労働の廃絶をうったえていた12歳の少年、殺害される！

「どういうことだろう？ 12歳の少年が、なんで殺されたんだ？」

クレイグは意味がわからず、その記事を読みすすめていった。

パキスタン人のイクバル・マシーは、4歳のとき、両親によって16ドル（およそ1600円）ほどでじゅうたん工場に売られた。その後6年間、イクバルは毎日工場で何時間も、奴隷のようにじゅうたんの結び目をつくる作業をさせられた。12歳になると、ようやく自由を得て、児童労働のおそろしさをうったえるため

に、世界中をまわってスピーチ活動をした。しかし、パキスタンに帰国した後、友人たちと自転車に乗って遊んでいるところを、何者かによって銃で撃たれて殺された。犯人は不明だが、イクバルの活動をじゃまに思っていた、じゅうたん産業で利益を得ているマフィアのしわざではないかといわれている。

児童労働の廃絶をうったえてスピーチするイクバル

「12歳ってことは、ぼくと同い年じゃないか。まだ小学生なのに、学校にも行かず、遊ぶことも許されずに、毎日奴隷のように働かされている子どもがいるなんて、あまりにひどすぎる！」

クレイグの心には、おどろきと怒りがうずまいた。

その記事を読んでからというもの、クレイグは、学校で授業を受けていても、イクバルくんのことや児童労働のことが頭から離れなかった。

「奴隷制度は廃止されたはずなのに、そんなことが世界で起きていいのか？」「なぜ、親が子どもを売らなければいけないんだろう？」「なぜ、子どもが働かなければいけないんだろう？」と、つぎからつぎへと疑問がわいてきた。

● **最初は情報集めから**

クレイグは、まず児童労働のことをもっと知ろうと考えて、図書館で調べることにした。小学校の図書室には、児童労働のことを書いた本はほとんど見つからなかった。市や町の大きな図書館をまわっているうちに、少しずつ情報を集めることができた。

世界では、クレイグよりも小さな子どもが、きびしい環境のもとで働いていることがわかった。真っ黒になって石炭を運ぶ仕事をする子、花火工場で働いていて爆発事故にあい、死んでしまった子もいた。知れば知るほど、その悲惨な状況がわかり、クレイグの疑問はますますふくらんでいった。

図書館のほかに、実際にまずしい国ぐにの子どもを支援している団体にも電話をかけてみた。

でも、そこでクレイグはふたつのことにショックを受けた。ひとつは、児童労働のことを、子どもにわかりやすく教えてくれた団体は、残念ながらなかったこと。

もうひとつは、児童労働は子どもが被害をうけている問題なのに、子ども自身がかかわっている団体が、ひとつもなかったということ。「子どものことなのに、子どもがかかわっていないのはおかしい！」と思ったクレイグは、「じゃあ、自分でグループを立ち上げて、児童労働問題にとりくもう！」と思い立った。

● クラスメイトの前でスピーチ

そこでまず、仲間を集めるために、学校のクラスメイトのみんなの前で話をしたいと担任の先生に相談した。すると先生は応援してくれて、ホームルームのときに、クレイグがしゃべる時間を用意してくれた。

クレイグはみんなの前でスピーチをした。
「4月19日の朝刊に載っていた、パキスタンのイクバルくんが殺されてしまった記事を見た人はいますか？ ぼくはあの記事ではじめて、世界ではぼくたちと同じくらいか、もっと小さな子どもたちが、過酷な環境で働かされていることを知りました。」

イクバルくんがどれほどたいへんな労働をさせられていたか。彼には夢があったのに、12歳で殺されてしまったことなどを、クレイグはみんなに話した。

図書館で集めた働かされる子どもの写真も見せて、世界には学校にも行けずに働く子どもたちがいるということを説明した。
「このことについて、まだ知らないことがたくさんあるから、これからもっと調べていきたいと思っているんだ。ぼくといっしょに活動してくれる人はいませんか？」

● フリー・ザ・チルドレン誕生

クレイグのよびかけに、11人の友だちが手をあげ、放課後クレイグの家に集まった。
「まずは、グループの名前を決めよう！」
みんなでアイディアを出し合ったけれど、なかなか決まらない。とうとう、クレイグが集めた資料のなかにヒントを見つけた。それは、インドの子どもたちが児童労働をなくすために行進している写真で、プラカードに「Free the Children!（子どもを解放しよう、自由にしよう！）」ということばがあった。
「これはどうかな？」とクレイグが提案すると、みんなも大賛成。こうして、子どもによる子どものための団体「フリー・ザ・チルドレン」が誕生した。

クレイグたちは、児童労働について自分たちで調べたことをもとに、チラシや資料をつくり、あちこちでくばったり、たのまれて小学校や高校で講演をしたりした。

高校で講演したときには、高校生からいろんな質問をうけて、ほとんど答えられなかったこともあった。でも、帰ってから答えを調べて、それを手紙に書いて送った。

クレイグたちの活動に対して、こんなことを言う人もいた。

クレイグと仲間たち
（後列中央がクレイグ）

「世界の子どものことなんて、むずかしくてわからないよ。おとなになってから活動したら？」

「子どもに何ができるの？」

「子どもになんか世界を変えられないよ」

おとなからも子どもからも、いくどとなくそんなことばを投げかけられた。

それでもクレイグはあきらめなかった。なぜなら、子どもの権利条約にも、「子どもにかかわることは、子どもの意見を聞くことがたいせつ」とあったから。それに、おとなだけに任せてはいられないという気持ちだった。

パキスタンで。レンガを焼く仕事をする子どもとクレイグ

● 現地に行ってみたい！

活動をするなかで、クレイグのなかには、「情報を集めるだけじゃなくて、実際に子どもが働かされている国に行って、その子たちと話してみたい」という思いが強まっていった。

そんなとき、活動を通じて知りあったバングラディシュ人の大学院生が、故郷のバングラディシュや、そのまわりの国をいっしょに訪問することを提案してくれた。

クレイグは両親に相談したけれど、もちろん、お父さんもお母さんも大反対だった。12歳のクレイグが、地球の反対側のインドやバングラディシュに行くなんて危険すぎる。

でも、クレイグはあきらめずに毎日毎日、お母さんたちにたのんだ。とうとう、お母さんは根負けして、ふたつの条件をクリアしたら行ってもいいと言った。

ひとつは、旅費の半分を自分で払うこと。そして、クレイグの安全がかならず確保されていること。つまり、安全に旅をできるような計画を立てなさい、ということだった。

● 働く子どもたちとの出会い

クレイグは、フリーマーケットで自分の持ち物を売ったり、お手伝いをしておこづかいをためたりして、旅費を集めた。そして、いっしょに行ってくれる大学院生と二人で、安全な旅の計画を立てた。

こうして、半年かけてようやく両親を説得して、パキスタン、インド、バングラディシュ、タイ、ネパールの5か国を7週間でまわる旅に出た。そのあいだ学校は休むかわりに、宿題はできるだけ旅先でもやると約束した。

旅先では、クレイグの想像をはるかにこえてきびしい環境で生きる、おおぜいの子どもたちに出会った。

家がなく、道ばたでくらすストリートチルドレン。親の借金のかたに売られ、レンガ焼き場でひたすらレンガをつくる子ども。市場で、自分の体重の半分以上もある荷物を運ぶ子ども。使用済みの注射針を分別する仕事を、その危険性を知らされずに素手でしている子ども。一日じゅう炎天下で畑仕事をする子ども。早朝から夜遅くまで、住み込みでメイドの仕事をする少女。じゅうたん工場で奴隷のように働かされている少年——。
　彼らの多くが学校に通えず、いつか学校で学んでみたいという願いを胸に働いていた。

　想像を絶する過酷な生活を送る多くの子どもたちに出会って、「子どもの自分に、あの子たちの境遇を変えることなんてできるんだろうか？」と、クレイグの自信もゆらぎはじめた。
　そんなとき、インドで長年まずしい人びとを救う活動をしてきたマザー・テレサに会うことができた。クレイグが悩みを打ち明けると、マザー・テレサはやさしく言った。

マザー・テレサとクレイグ

　「問題はたくさんあります。大きいことをいっぺんに成しとげることはできませんが、大きな愛をもって、小さな一歩からはじめることはできます。あなたができる身近なことに、しっかりととりくんでいきなさい。」

　クレイグは、マザー・テレサのことばを胸に、自分にできることは、この旅で出会った子どもたちの声を世界に発信していくことだと思った。同じ子どもとして、働く子どもたちの「学校に通ってみたい」「遊びたい」「おなかいっぱいご飯を食べたい」という声を、伝えていこうとちかったんだ。

● 世界に広がる輪

　7週間の旅から帰国したクレイグは、旅の体験をまとめて本を出版したり、スピーチを通じて発信し、まわりの人たちにうったえた。
　そして、高校生、大学生になってからも活動を続け、フリー・ザ・チルドレンの活動は世界に広がっていった。児童労働の問題を各国の人びとにうったえるのと同時に、まずしい国に学校を建てたり、文房具を送ったりする活動も広がった。フリー・ザ・チルドレンの活動を通じて、世界で650校以上の学校が建てられ、5万5000人もの子どもたちが学校に通えるようになったんだ。

　こうして、12歳のひとりの少年からはじまったフリー・ザ・チルドレンは、世界45か国に広がり、230万人もの子どもたちが活動にかかわるようになった。

インドとカナダの子どもによる
共同宣言（要約）

記者会見をするクレイグと、インドの子ども代表

わたしたちインドとカナダの子どもは、ふたつの国が仲よく貿易し、交流することができるようになったことをうれしく思います。インドとカナダは友だちとして、前よりもずっと仲よくなれるでしょう。貿易は大きな利益をあげるでしょう。けれど、貿易のほかにも忘れてはならないことがあります。

わたしたちは、ふたつの国に、児童労働をなくし、子どもたちがひどい目にあわないように、力を合わせてつぎのことをおこなうことをお願いします。

・子どもたちをひどい目にあわせている工場や会社の人たちとは、取引きしないでください。

・子どもたちをひどい目にあわせてつくらせた工場の製品を買わないでください。

わたしたちは、インドに来て貿易をする会社や団体のみなさんに、つぎのことをお願いします。

・働く人たちには、正当でじゅうぶんな給料を払い、働く環境にあった権利をあたえてください。そうすれば、家族が生きていくために、子どもがむりに働かなくてもすむようになります。

・会社の製品をつくるときや売るときに、児童労働や、とくに奴隷のような労働がないかをたしかめるために、あらゆる手段をとってください。

わたしたちインドとカナダの子どもは、それぞれの国の子どもの権利を、国連子どもの権利宣言に書かれているようなものにするために、力を合わせて活動し、支えあうことを約束します。

「子どもに何ができるんだ」と言われてもあきらめずに声をあげ、活動を続けたクレイグやその仲間たち、そして、いま声をあげアクションを起こしている子どもたちが、世界をよりよいものへと動かしている。

つぎは、ぼくが13歳のときにアメリカの議会でしたスピーチを読んでみよう！

3 クレイグのスピーチを読んでみよう

クレイグ・キールバーガー（当時13歳）

1996年6月11日
アメリカ連邦議会　国際関係および人権問題に関する小委員会にて

議長、ならびに委員会のみなさま、ここにいるすべてのみなさまへ

今日、子どもを代表してこの場に参加できてうれしく思います。
児童労働は、子どもに影響するものです。子どもは搾取され、基本的人権を否定され、虐待をうけています。児童労働に対して子どもがあげた声は、社会によって聞きとどけられる必要があります。そして、子ども自身が、問題の解決に向けた行動に参加するべきだと信じています。

ぼくは最近、働く子どもや、路上生活をする子どもに会うために、南アジアを7週間半のあいだ旅してきました。働く子どもの現状を理解したかったからです。そして、西洋の価値観を押しつけるのではなく、彼ら自身が何を望んでいるのかを知りたかったのです。

その旅のなかでぼくが見た衝撃的なことをお話ししたいと思います。
週に7日間（毎日）、明け方から夕暮れまでレンガ焼き場で働く4歳の小さな子ども。花火の筒に危険な化学薬品をつめる作業を、1日14時間も続ける子どもたち。金属やガラス工場で働く子どもたちにも会いました。彼らはことばの暴力や、身体的虐待を受けていました。

何人かの子どもたちのことは忘れられません。
ナーグシールという男の子は、借金のかたに売られ、じゅうたん工場

で働かされていました。からだじゅう傷だらけで、首もとには逃げ出そうとしたときに真っ赤に焼けた鉄を押しつけられたあとがありました。

また、仕事でミスをしたとき、金属の棒でなぐられた傷が頭のてっぺんに残っている9歳の男の子。

8歳のムニアナルという女の子は、病院や路上から集めた使用済みの注射器から針を抜き出す作業をしていました。彼女は靴もはかず、防護具も着けていません。だれも彼女に、エイズウィルスに感染する危険があることを伝えていませんでした。

これが働く子どもたちの現実です。事実と統計の上の話ではなく、ほんとうの子どもたちのすがたなのです。

みなさんのなかには、「そうした子たちはまずしいのだから、家族を助けるために働かなければならないのも、しかたがないのでは？」と感じるかたもいるかもしれません。

でも、ユニセフやILO（国際労働機関）、そのほかのNGO（非政府組織）の研究によると、児童労働があることが、まずしい国ぐにをまずしいままにさせているというのです。

なぜなら、子どもが働いているということは、その分おとなは失業しているということだからです。

工場の経営者は、おとなよりも子どもをやとおうとします。なぜなら、子どものほうが労働力として安いし、脅しがききやすく、労働組合をつくらないからです。

昨年ロバート・ケネディ人権賞を受賞したカイラシュ・サティヤルティさんは、南アジアで児童労働問題にとりくむ150の市民団体を率いています。彼が強調するのは、インドに5000万人もの児童労働者がいる一方で、5500万人のおとなが失業しているということです。

また、働く子どもたちは学校に通うことができないため、読み書きができないまま成長し、貧困の連鎖がくりかえされます。児童労働こそが、人びとをまずしいままにしているのです。

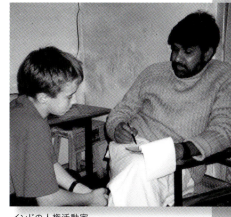

インドの人権活動家カイラシュ・サティヤルティさんとクレイグ。サティヤルティさんは、2014年にノーベル平和賞を受賞した。

消費者であるわたしたちも、こうした問題の責任の一部をおっています。
　たった数ペニー（十数円）のために、1日12時間ものあいだ地べたに座りつづけ、有名ブランドのサッカーボールをつくる作業をしている子どもたちがいます。彼らがそのボールで遊ぶことは決してありません。そのボールは先進国へ、つまり、あなたがたのお子さんやお孫さん、あるいはぼくのような子どものために輸出されるのです。これでいいのでしょうか。

　これは純粋に、欲や搾取の問題です。もっとも弱く傷つきやすい者に対する搾取です。
　先進国の企業は利益のために、まずしい国ぐにへ行き、いちばん安く製品を製造してくれる工場と契約します。その結果、工場の経営者は、いちばん安い労働力をさがそうとするでしょう。つまり、働く人にまともな賃金を支払わなかったり、子どもをやとったりします。
　まずしさは、搾取の言いわけにはなりません。子どもを虐待していい理由にもなりません。

　ぼくたち北アメリカの子どもは、フリー・ザ・チルドレンという団体を結成しました。児童労働や子どもへの搾取をなくすために、子ども自身が立ちあがって活動しています。
　ほとんどのメンバーが10歳から15歳です。現在、カナダ国内の各地や、アメリカのワシントン、サンフランシスコ、メリーランド、アイダホ、アイオワなどに支部があります。

　ぼくたちの活動や、まずしい国の子どもを支援したいという問い合わせが、世界中の子どもや若者から来ています。
　児童労働や子どもに対する搾取がよくないことは、いくつも会議を重ねなくても理解できるはずです。ぼくたちは子どもですが、子どもに対する虐待は止めなくてはならないことは、はっきりしています。

　工場で働かされている子どもたちを助け出し、その仕事はその子の家

族のおとなにあたえらえるべきです。おとななら、働く人の権利と働く環境をよくするために、工場主と交渉できるでしょう。

　安い賃金で働く労働者を求めてまずしい国に進出する企業は、働く人に公正な賃金を払うべきです。そうすれば、家計を助けるために子どもが働く必要はなくなります。
　同時に、これらの国ぐにが、子どもたちが教育と保護を受けられるように、必要なお金を支援するべきでしょう。

インドの子どもたちといっしょに行進するクレイグ。

　北アメリカのたくさんの消費者が、フリー・ザ・チルドレンの事務所に電話してきて、児童労働でつくられた商品を買いたくないと言っています。だから、公正な機関が、児童労働でつくられていないことをたしかめた商品に認証ラベルをつけるしくみをとりいれるといいと思います。
　もうひとつの解決策としては、商品を輸入する会社に、児童労働でつくられていない商品だけを仕入れるよう義務づけることもできます。消費者は自分が買う商品が、だれによってつくられているのかを知る権利があります。

　ほんとうは今日ここでみなさんに、何百枚という子どもの写真をお見せしたかったのですが、1枚だけ紹介します。これは、ぼくがインドのコルカタに行ったとき、250人もの子どもたちといっしょに行進したときの写真です。「わたしたちに自由を！」「わたしたちに教育を！」という横断幕をもって歩きました。
　子どもたちは、危険な環境で働くべきではありません。絶対にです。今日ぼくは、こうした子どもたちのために、彼らの声をとどけるためにここに来ました。みなさんは世界に影響をあたえる立場にいます。みなさんのことばや行動や政策には力があり、それによって、子どもたちのよりよい生活にむけた希望をあたえることができるのです。

　ありがとうございました。

ぼくのスピーチを読んでどう感じたかな？ ここからは、スピーチの基本について知っていこう！

スピーチってなんだろう?

● スピーチには
「話す人」と「聞く人」がいる

　きみは「スピーチ」と聞いて、どんなものを想像するかな？
　政治家が国会でするスピーチ？
　アイドルがライブ会場でするスピーチ？
　駅前などで「○○反対」みたいなプラカードをもった人たちがしている抗議のスピーチ？
　「スピーチ」を日本語にすると「演説」のことになるけれど、そんなにおおげさなものじゃなくて、クラスや友だちの前でするものも、スピーチとよぶよ。
　ふだんのおしゃべりは、二人でするときでも、もっとおおぜいでするときでも、だれかが話した後には別の人が話したりして、おたがいに話す側になったり聞く側になったりするね。
　それに対して、スピーチは、話す人が決まっていて、おおぜいの人にむけて話すものをいう。
　もちろん、話す人が何人かいて順番で話すこともあるし、おおぜいといっても、数人の小さなグループのこともある。でも、「たくさんの人に、自分の考えを聞いてほしい！」という気持ちをもって話し、聞く人もそれを共有して聞くのが、スピーチなんだ。

● おしゃべりもスピーチ？

　ふだんの「おしゃべり」とスピーチはどうちがうのかな？
　スピーチは、ふつう「人前で発表する」もの。そして、ほとんどのスピーチには「目的」がある。
　だからその目的（伝えたいこと）を相手に理解してもらうために「テーマ」を決めたり、「はじまり」や「しめくくり」を考えたりして、順序立てて話すことが必要なんだ。
　だから、目的のないおしゃべりとはちょっとちがうんだよ。

● スピーチと作文はどうちがう？

　同じように「作文」とスピーチも似ているけれど、スピーチはふつう人前で「話す」「発表する」ことを目的にしているから、文字で「読んでもらう」ことを目的とした作文とも少しちがうんだ。
　もちろん、スピーチをするときにも、前もって原稿を用意することはあるよ。

スピーチ・おしゃべり・作文　どうちがう？

スピーチ
・目的があり、おおぜいの人に聞いてもらう
・発表したいことを前もって考えて、まとめておくほうがよい
・本番がある。一発勝負のときもある
・体調などによって話し方も変わる
・聞いている人たちとのやりとりができる

作文
・自分の思いや考えを文章にして書く
・だれに・いつ読まれるかはわからない
・体調には影響されない
・読んでいる人とのやりとりはできない。一方通行

おしゃべり
・そこにいる人が、話す側になったり聞く側になったりしながら、相互にやりとりする
・同じ時間をすごすことが目的で、何かのためにするものではない
・話す内容を前もって準備することはほとんどない
・その場で相手の反応を見ながら話したり、聞いたりする

スピーチいろいろ

インフォメーション・スピーチ

聞く人（オーディエンス）にとって興味深い、使える情報を提供するもの。
たとえば「地震について」「調べたことの発表」「旅行先の紹介」「新製品について」など。

デモンストレーション・スピーチ

何かのやり方について説明するもの。たとえば「ブログの始め方」「ケーキの作り方」「おもしろい募金の方法」「スピーチの書き方」など。

説得スピーチ

聞く人（オーディエンス）に、あることについての考え方を共有してほしい、あるいは考え方や行動を変えてほしい、いっしょに行動を起こしてほしいとうったえるためのもの。
たとえば「献血をしましょう」「早寝早起きなど体調管理をしましょう」「ボランティアを通じて世界を変えましょう」など。

スペシャル・スピーチ

卒業式での感謝のことばや、結婚式でのお祝いの言葉、また、悲しいことがあったときにだれかをはげます言葉など、特別な機会でのスピーチ。

テーブル・スピーチ

だれかの誕生日パーティーや、友だちどうしの食事会などのときに、自分の席でする簡単なあいさつやお話のこと。いつでもできるよう心がまえをしておくといいよ。

● スピーチは聞く人の姿勢もたいせつ！

スピーチには「話す人」と「聞く人」がいると書いたけど、「話す人」だけではなくて、「聞く人」にも役割があるんだ。ただそこにいるだけじゃなくて、きちんと聞く姿勢になることが、とってもたいせつなんだよ。

きちんと聞く姿勢が感じられると、話す人も安心して話せるようになる。聞く人の態度が、いいスピーチになるかどうかを左右することもあるんだ。

きみがだれかのスピーチを聞くときは、「グッド・リスナー（いい聞き手）」になってスピーチをもりあげよう！

グッド・リスナーとバッド・リスナー

Good Listener（いい聞き手）

◎ 話す人の目を見て聞く
◎ 同感したことや疑問に思ったことはメモをとる
◎「この人がいちばん言いたいことは何だろう？」と考えながら聞く
◎ スピーチの最初と最後に拍手をする

Bad Listener（悪い聞き手）

× まわりの人とおしゃべりをする
× 寝る
× からだをせわしなく動かす
×「今日の晩ごはんは何かな？」など、関係ないことを考える
× 携帯やスマホをいじって下を向く
× ガムをくちゃくちゃかみながら聞く

いい聞き手になるということは、話の内容になんの疑問ももたないということじゃないよ。疑問をもつということは、内容に興味をもち、その意味まで考えるということだからね。有名な物理学者のアインシュタイン博士も「たいせつなことは、疑問をもちつづけることだ」と言っている。話し手の意見をきちんと聞きながら、自分の考えと同じところ、ちがうところはどこかを考えるのが真剣な聞き方だよ。

● スピーチ・クイズに挑戦しよう！

ここまで読んで、きみもだんだんとスピーチのことがわかってきたかな？
じゃあ、つぎはスピーチの○×クイズに挑戦してみよう！

それぞれホントかな？考えてみよう！

スピーチ○×クイズ

1　スピーチは学校でしかできない

2　スピーチは自分の気持ちしか伝えてはいけない

3　スピーチをすることがたいせつだから、ほかの人のスピーチは聞かなくていい

4　スピーチをするには特別な勉強や資格がいる

5　スピーチで世界を変えることができる

6　スピーチは自分が好きなだけ長く話してもいい

7　おとなにならないとスピーチをしてはいけない

クイズのこたえ：スピーチのウソ・ホント

1. スピーチは学校でしかできない

 スピーチはどこででもできるよ！ 学校の授業だけではなく、地域のお祭りなど、人が集まる機会を利用してもいいし、自分で友だちを集めて聞いてもらってもいいんだ。

2. スピーチは自分の気持ちしか伝えてはいけない

 きみが感じていることを言うだけじゃなくて、つらいことや悲しい思いをしている友だちや、世界の子どもたちの気持ちになって代わりに話すのだって、もちろんいいんだ。

3. スピーチをすることがたいせつだから、ほかの人のスピーチは聞かなくていい

 みんながそう思っていたら、だれもスピーチを聞かなくなっちゃうよ！ それに、きみがスピーチをすることがたいせつなように、ほかの人にもスピーチをして、それを聞いてもらう権利がある。でも、もしもだれかを侮辱したり、傷つけたりするようなスピーチをする人がいたら、席を立って抗議をしてもいいかもね。

4. スピーチをするには特別な勉強や資格がいる

 そんなことはないよ！ でも、しっかりと準備と練習をしたほうが、いいスピーチができるようになるのはたしか。

5. スピーチで世界を変えることができる

 きみのスピーチを聞いた人が、ちょっとでも新しい考え方をもったり、ふだんの行動が変わったりすれば、変化が生まれたことになる。それを通じて世界を変えることだってできるかもしれないよ！

6. スピーチは自分が好きなだけ長く話してもいい

 まとまりがなく、ダラダラと長いスピーチは聞く人が疲れるし、言いたい要点がわからなくなるからよくない。それに、スピーチには時間制限があるのがふつう。自分が何分くらい話していいのか、事前に確認しよう。

7. おとなにならないとスピーチをしてはいけない

 おとなでも子どもでも、女性でも男性でも、みんなスピーチをしていいんだ。子どもは子どもにしかできない貴重なスピーチがあるはずだよ。自信をもとう！

> どうだったかな？
> スピーチって、思ったよりずっと自由で楽しそうでしょ？

● まとめ

スピーチを通じて何かを伝えたいという気持ちがある人なら、子どもでもおとなでも、人が集まるいろいろな機会でスピーチをしていい。そのときは、伝えたいことをよく考えて、あたえられた時間内で話すようにしよう。

きみがスピーチをしたことで、聞いてくれた人の考えや行動が変わるかもしれない。それによって、世界を変えることだってできるんだ。ね、スピーチをするって、カッコいいと思わない？

5 スピーチで何を話す？

● きみにもある「スピーチの力」

スピーチに少し興味をもってくれたかな？興味はあるけど、まだみんなの前で話す勇気がなかったり、抵抗があるかもしれないね。そんな人は、むりにいますぐスピーチをする必要はないよ。

それでも、おぼえておいてほしい。きみにもスピーチを通じて、世界を変える力があるってことを。

フリー・ザ・チルドレンでは、それまで「自信がないし、人前で話すのはにがて」って言っていた子どものメンバーが、スピーチのコツをおぼえて練習をするうちに、自信をもって人前で話せるようになった例がたくさんある。みんな、ふつうの小学生や中学生や高校生たちだよ。でも、練習を重ねたスピーチは力強く、どれもまわりに影響をあたえるものだった。

だから、いまはまだ自信がないかもしれないけど、きみのなかにも「スピーチの力」がひそんでいるんだって覚えていてほしい。きみにも世界を変えるようなスピーチはできるんだ。それをいっしょに見つけていこう。

● いちばんたいせつなもの―「Passion」

スピーチをするときにいちばんたいせつなものって、何だと思う？

それは「Passion（パッション）」すなわち「情熱」なんだ。

自分がいちばん興味をもっていること。
自分がいちばん伝えたいと思っていること。
自分がいちばん「おかしい」と思っていること。
自分がいちばん「うれしい」と思うこと。
自分がいちばん「悲しい」と思うこと。
怒りがいちばんこみあげてくること。
その気持ちが「Passion」！

19ページで、スピーチにはいろいろな種類があるって書いたけど、ここではそのなかでもとくに「説得スピーチ」、つまり、日常のなかで気になる問題や社会の問題を伝えたり、うったえたりするスピーチについて考えてみよう。

きみのまわり、そして世界には、いろいろな問題があると思う。いじめ、差別、自殺、温暖化、飢餓、貧困、児童労働、HIV・エイズ、保健医療、戦争、格差、動物虐待……などなど。

きみには、
「この問題がなくなればいいのに」
「なぜ、こんなことが起きてしまうんだろう？」
と疑問に感じたり、少しでも興味をひかれたりする問題って、何かある？

世界のことでなくても、住んでいる地域や学校のなかだったり、ニュースや新聞を見たりして「おかしい！」「どうして？」と思ったことでもいい。

または、自分にとっていやなことや、ひどいことがあって、
「なんで、こんなつらい思いをしないといけないんだ！」
って、悲しみや怒りを感じたこともあるかもしれない。

そんなとき、きみがその気持ちや、気になる問題についての思いをスピーチにして、まわりに伝えていくことで、ほかにも同じ気持ちの人が見つかるかもしれない。いやなことやつらいこと、悲しいことやうれしいことなど、どんなことでも、声をあげれば、きみから変化をつくりだしていけるんだ。

2章で紹介した、フリー・ザ・チルドレンをつくったカナダの小学生クレイグは、あるとき、自分の住む地域の市立図書館が閉鎖されるかもしれないと知った。理由は、運営にお金がかかりすぎるからだという。

図書館がなくなると、いろいろな調べものができないし、本が読めなくなるのは困るってクレイグは思ったんだ。そこで、友だちといっしょに市の会議に出席して、「子どもにとって図書館はとてもだいじだから、なくさないでほしい」とスピーチをしたんだって。

その会議に出席していたのはおとなばかりで、子どもはクレイグと友だちだけだったけど、そこにいたおとなの人たちは、クレイグのスピーチをちゃんと聞いてくれた。クレイグは、そのことがとてもうれしかったと言っていたよ。

そんなふうに、あることについて「おかしい」「変えたい」という「Passion」＝情熱があれば、スピーチの経験のない子どもでも、まわりの人はきっと聞いてくれる。

身近なことでもいいし、自分には直接関係ないけれど、気になることでもいい。

きみが「変えたい」「なくしたい」「もっと広めたい」という問題は何かを考えて、見つけてみよう。

なぜなら、スピーチをするうえで何よりもたいせつなのは、その問題について興味をもつことだから。

興味がもてないと、情熱ももてないし、長続きしないよね。きみにとっての、気になる「問題」があれば、それがきみのPassionになるんだ。

そして、その問題について調べて、わかったこと、感じたことを、スピーチで伝えていってほしい。

もし、自分の興味のある問題がいまはなくて、何についてスピーチしたらいいかわからないという人は、つぎのページの表を参考に考えてみよう。

たとえば、どんな問題がある?

きみがこう感じたら……	とりくむ問題はこれ!
日本には余るほど食べ物があるのに、発展途上国では飢えて死んでいく子どもたちがいるのはどうして? 世界中から飢えをなくしたい!	世界の飢え 飢餓問題
世界には小さい子どもが働かなければならない国があるってほんと? わたしと同じ年齢の子どもたちが、遊ぶこともできず、1日何時間も働かされているなんてひどい。なんとかしたい!	働く子どもたち 児童労働
戦争によって何の罪もない人や、子どもたちがたくさん亡くなっている。なかには紛争に駆り出される子どももいるみたい。同じ人間どうしなのにどうして? 世界を平和にしたい!	世界の紛争・戦争 平和 子ども兵士
世界ではトイレがなくて不衛生な環境で生活したり、きれいで安全な水が飲めない子どもがたくさんいるってほんと? そのせいで亡くなる子どももいるみたい。	世界の保健衛生 水問題
日本でも家がなくて路上で暮らさざるをえない人びとがいる。先進国といわれる日本なのに、まずしい家庭で育った子どもは、大学に行けなかったりして、自分の望む将来をあきらめなくてはいけないみたい。どうにかしなきゃ。	国内の貧困問題
目の不自由な高校生が、駅のホームで蹴られてけがをしたっていうニュースがあったけど、障がいをもっていると、日常生活のなかでどんな不便や困ったことがあるんだろう。	障がい者 福祉問題
中国では大気汚染で空が見えないほど空気が汚れているらしいけど、大丈夫なのかな。世界のいろいろなところで台風や水害が起きて、多くの人が犠牲になっている。これって異常気象のせい?	環境問題 地球温暖化(気候変動)
わたしたちの暮らしに電気は欠かせない。でも、福島で原発事故があったのに、これからもほんとうに原子力発電に頼っていていいのかな。また同じような事故が起きることはないんだろうか?	エネルギー問題
学校の裏サイトとか掲示板で悪口を書かれて、学校に来なくなっちゃった子がいるみたい。どうにか助けられないかな。	いじめ・子どもの権利 インターネット問題
親からの虐待で死んでしまう子どものニュースがしょっちゅうあるけど、どうしたら子どもを虐待から守れるんだろう。	虐待・子どもの権利 福祉問題
友だちが彼氏から暴力を振るわれているみたい。別れたらいいのに。でも、あまり話してくれないから心配。	デートDV(ドメスティック・バイオレンス)
塾に行く途中の道が暗くてちょっとこわい。家の近くに、もっと明るくて大きな公園があればいいのにな。	まちづくり 防犯・防災

ここで紹介した以外にも、まだまだ気になることや改善すべき問題が、きみの学校や地域、社会や世界にはたくさんあるはず。そのなかから、きみがPassionをもってとりくんでみたい「きみにとっての問題」を見つけていこう！

● きみのPassionを掘り下げよう！

きみがPassonをもってとりくみたいと思う問題が見つかったら、それがきみのスピーチの「テーマ」になる。つまり「きみがとりくみたい問題＝きみのスピーチのテーマ」だ。

スピーチのテーマが見つかったら、今度はそれについて、きみ自身が学ぶことからはじめよう。

クレイグも、「児童労働」について新聞で読んだときにはじめて、そんなことが世界で起きていると知ったんだ。そして、怒りをおぼえ、「どうにかしたい！」とPassionをもった。

そうして、まずは図書館で本や雑誌や新聞を読んだり、専門家に聞いて情報を集めたりして、その問題の背景や内容を学ぶところからはじめた。

そうしたら、最初はまったく知らなかった児童労働という問題が、クレイグにとって、とても身近な問題になったんだ。

児童労働についての知識を深めるうちに、何が原因なのかもわかってきて、自分にできることについても考えられるようになった。そして自信をもって、その考えをスピーチにすることができたんだよ。

そう、まさに「知は力なり」。まずはきみが関心をもった問題を掘り下げて、自分自身が学ぶことからはじめよう。

いろんな問題がありすぎて、
どれを選んでいいかわからないという人は、
この本の2巻や3巻を読んでみよう。
実際に、こうした問題にとりくんだ世界中の
子どもたちのスピーチがのっているから、
それを読んで、
きみがいちばん心を動かされたテーマに
ついて調べてみるといいよ。

● 気になったことを書き出してみよう！

　きみにとっての問題＝スピーチのテーマが決まったら、その問題に関する情報を集めて知識をつけよう！

　もし、きみにとっての問題が大きすぎて、どこから手をつけていいかわからないときは、その問題をいくつかの小さな問題に分けてみて、それぞれの問題から調べたり、さまざまな側面から調べたりしていくといいね。

貧困問題
→ 貧困に関係する問題
- 戦争
- 災害
- 児童労働
- 飢餓
- 病気
- 不衛生な環境
- 失業　…など

● どこで情報を集める？

　情報収集をするうえで、インターネットを使うのはとても手っ取り早くて便利な方法だ。でも、インターネットにのっている情報だけに頼るのは危険かもしれない。なぜなら、ほんとうに信頼できる情報なのか、最新のデータなのかが、わからないことがあるからね。

　そこで、同時に図書館に行って、新聞や雑誌、本など複数のソース（情報源）から情報を集め、信頼できる内容かどうかを見極めながら学んでいこう。

いろいろな情報源

- 図書館
- 教科書、参考書
- インターネット
- 先生、親、地域のおとな、相談できる人など身近な人
- テレビのニュース
- 新聞や雑誌のニュース
- 調査・インタビュー
- 政府機関
- 国際機関（子どもの問題ならユニセフ、健康・保健問題ならWHOなど）
- NGOやNPO（民間組織・非営利組織）
- 企業
- 映画　……など

ポイント

調査をするときは、自分がどんなことを知りたいのかを書き出して、質問をつくってみよう。そして、それに答えるようにして書きとめていくと、情報が整理されて集めやすい。きみが調べたい問題をより深く、幅広く学ぶためには、①その原因、②その結果、そして③解決策について考えてみることがたいせつだよ。それがスピーチの内容になるからね。

スピーチ8か条

「SPEAKING」の頭文字でおぼえよう！

1. S=Stories（ストーリー）

自分がどうしてそのテーマに興味をもつようになったのかを話そう。聞いている人たちが想像できるような話し方をするといいね。

2. P=Posture（姿勢）

スピーチをするときの姿勢は、とてもたいせつ。内容がよくても、やる気のない態度だったら聞いている人にそのよさが伝わらない。背すじを伸ばして立って、落ちついて（胸の中はドキドキだとしても）、笑顔で話すことが、上手なスピーチのひけつだよ。

3. E=Energy（エネルギー）

エネルギーはみんなに伝染する。力強く心をこめて話せば、聞いている人たちも、きみと同じように情熱をもつようになるよ。同級生や、自分より年下の子にスピーチをするときは、聞いている人を飽きさせないように、強弱をつけて話すといい。

4. A=Action（アクション）

スピーチを聞いた人に、とってほしいアクション（行動）を伝えよう。ある問題について、それがだいじだと言うだけじゃなくて、聞いた人が、どうしたらその問題にかかわることができるのかを伝えるといい。31ページの「Involve」も参考にしてみよう。

5. K=Know（知る）

聞いてくれる人がどんな人なのかを知っておこう。小学生に話すときと、おとなに話すときでは、内容も話し方も変えたほうがいいよね。たとえば、学校でお父さんやお母さんがいる席で話すときには、子どもがその活動をすることで、どんないい影響があるのかを話すと、賛成してくれるかもしれない。

6. I＝Interesting（おもしろい）

どんなに重要なテーマでも、たいくつな話はなかなか聞いてもらえない。みんなが知らないような興味ぶかい事実や統計を紹介すると、聞く人が興味をもってくれるし、説得力のあるスピーチになるよ。

［例］「この世界にいる人たちの半分は電話をかけたことがありません」「世界の30億人以上が、毎日500円以下で生活しています」

［注意］いくらおもしろくても、自分で勝手に作った数字やウソの情報を伝えちゃだめだよ！ちゃんとした情報源を調べて、信頼できる情報を使おう。

7. N＝No Reading（読んではダメ！）

原稿やメモを用意してもいいけど、それを「読む」のはダメ。それは「スピーチの準備をしてきませんでした」と言っているようなもの。力強いスピーチは「心（heart）」から来るものなんだ。英語で By heart（心から）という表現には、「心にきざんだ＝暗記した」という意味もある。要点やだいじなポイントを忘れないようにメモをつくってもいいけれど、ちゃんと時間をとって、話す順序やポイントをおぼえておこう。そして、練習あるのみ！

8. G＝Give（贈る）

聞いている人に、心の底から伝えたい情報をプレゼントするつもりで話そう。これがスピーチでいちばんたいせつなひけつだよ。伝えたいことについて、どうしてきみが情熱（Passion）をもつようになったのか。きみが助けようとしているのはだれなのか。自分にも変化をつくりだせる、世界を変えられると信じて、自信をもってスピーチをしよう。

スピーチ雪だるま

❶ 雪＝テーマ。雪がないと雪だるまはつくれません！

❷ 帽子＝イントロ。スピーチのはじめに言うことば

❸ スマイル＝聞く人との距離を縮める自己紹介、主催者への感謝のことばなど

❹ つえ＝スピーチで使う写真や動画など

❺ 手ぶくろ＝聞いている人たちとのやり取り

❻ 上のボタン＝個人的な体験談

❼ 下のボタン＝問題について

❽ おなか＝終わり、まとめ、知ってほしいこと三つ

❾ 完成＝感謝のことば、元気よく終わる

6 スピーチ原稿をつくってみよう!

● テーマ、目的、ねらいを考えて文字にしよう

　いよいよ、スピーチの内容を考えていこう。
　原稿を書く前に、まずは「テーマ」と「目的」と「ねらい」をきちんと定めておくことがたいせつだ。きみは、いったい何をテーマにスピーチをするのかな?
　5章の「きみのPassionを掘り下げよう!」でも書いたように、「きみがとりくみたい問題＝きみのスピーチのテーマ」になる。テーマがぶれないように、ことばにしてしっかり心にきざもう。
　つぎに、決めたテーマに対して「目的」を決めよう。きみは、なんのためにこのスピーチをするのかな? とりくむテーマが、最終的にどうなることをめざすのか。テーマの最終ゴールを考えて書いてみよう。
　そのつぎは「ねらい」だ。目的の実現につなげるために、聞いている人にどんなことを伝えたいのか、きみのスピーチを聞いた人がどんなふうになってほしいのかを考えよう。

　いいスピーチには人を動かすパワーがある。人を動かすようなスピーチをするためには、まずテーマ、目的、ねらいを、しっかりことばにして書いておこう。34ページのワークシートを使うといよ。

● 原稿を準備するときのカギ「三つのI」

　テーマ、目的、ねらいを決めたら、つぎはいよいよ原稿を書く段階。スピーチの目的やねらいを達成できるような原稿にするのに役立つ「三つのI」を教えるよ。それは、Influence（影響）、Involve（かかわり）、Inspire（やる気）だ。

1. Influence（影響）

　いいスピーチは、聞いている人たちにいい影響をあたえる。そのために、まずはしっかりとした情報収集からはじめよう。事実や統計、体験談などを論理的に並べて、一貫性のある原稿をつくろう。
　つぎの三つを組みあわせると、聞いている人たちに、きみの考えや思いをより理解してもらえるようになる。

● 論理的に …… 根拠がたしかな事実や統計を使って問題を伝えることで、きみの考えに共感してもらおう。
● 価値観を入れる …… 多くの人が広く共有する価値観（たとえば、平等、言論の自由、

民主主義など）を入れて、きみの考えが正しい目的をもっていることを伝えよう。
● **感情的に**……論理や価値観にくわえて、感情にうったえることで、聞く人の心を動かすことができる。自分が体験したことや逸話をおりこむなどしてもいい。

2. Involve（かかわり）

スピーチの内容が、聞く人にとってもひとごとではなく、毎日の生活に関係があるという関連づけをしよう。聞く人が自分自身に関係があると思うことで、「どうしてかかわるべきなのか」「どうやってかかわればいいのか」に耳をかたむけてくれる。

だからといって、聞いている人（その場にいない人もふくめて）に罪悪感をあたえたり、責任を押しつけたりするような言い方はよくない。そのかわりに、聞いている人自身がアクション（行動）を起こせば、前向きな変化をつくりだせるということを伝えよう。

また、「○○するべきです」と決めつける言い方よりも、「○○してみてください」とチャレンジをうながす言い方のほうが、聞いている人が行動を起こしやすくて効果的。聞いている人たちが、やる気を出してくれるような表現で伝えよう。

そして、問題の解決につながる具体的なアクションをスピーチの最後に提案するといい。

このとき、「初級」「中級」「上級」と三つのレベルでアクションを提示してみよう。そうすれば、聞いてくれた人が、自分にあわせて無理なく行動を起こせるからね。

かかわり方の三つのレベルの例

〈初級〉 会場を出る前にできること。

例 部屋の後ろにおいてある署名用紙に署名してもらう、用意したチラシを読んでもらう、など。

〈中級〉 ふだんの生活のなかで、小さいけれど意義のある変化をつくれるもの。

例 毎日○個ゴミをひろう、シャワーの水をこまめに止める、など。

〈上級〉 責任をもって、深くかかわれること。

例 学校建設のために募金活動をする、ボランティア・ツアーに参加する、など。

3. Inspire（やる気）

スピーチを聞いている人たちに、「変化をつくりだすことは可能だ」という希望をあたえよう。そして、聞いている人たち自身が、その変化をつくる人になれるんだと気づいてもらおう。スピーチの内容にあった活動の成功事例の話をしたり、内容にそった心にひびく名言を入れてみてもいい。

[ヒント]
聞いている人たちに何かをお願いするとき、いちばん効果的な方法は、きみ自身もすでにしていると伝えること。自分がしてみて、どんないいことがあったか、どんな意味を感じているかを話してみよう。

● スピーチ原稿を書いてみよう

さて、ここまで考えられたら、いよいよスピーチ原稿を書く段階だ。スピーチにはふつう、大きくわけて「イントロ（導入）」「メイン（主張・要点）」「まとめ」の三つの部分がある。順番にそっていっしょに考えていこう。

1. イントロ（導入）

自己紹介＆お礼 …… まず自己紹介をして、自分が何ものかを説明しよう。このとき、名前や学年、学校名や出身地のほかにも、聞いている人たちが身近に感じられるような自己紹介をしてみるといい。聞く人に親近感をもってもらうと、その場の雰囲気がほぐれて、話を聞いてもらいやすくなるからね。また、スピーチの機会をあたえてくれた人や、集まった人たちへのお礼のことばも忘れずに。

自己紹介をしたら、いったん間をおいて、深呼吸してつぎにすすもう。

つかみ …… 自己紹介が終わったら、スピーチの本題に入るにあたって、聞いている人の注意をひきつけるような話をしよう。

ほとんどの人は、最初の10秒から15秒のあいだに、興味をもってその話を聞くかどうかを決めるといわれている。最初の15秒で、きみが話すことには聞く価値があるんだとわかってもらえるように、「つかみ」になるような話からはじめよう。みんながびっくりするような統計の数字を出すのもいいし、問いかけをして注意をひくやり方もある。

たとえば、きみが児童労働についてスピーチをしたかったら、「世界には、まずしさのために過酷な環境で働かなければいけない子どもたちがいます。それは世界の子どものうち、何人にひとりだと思いますか？」とか、「いまわたしは〇秒間沈黙していましたが、その〇秒のあいだにも、世界の子どもの〇人が命を落としています。なぜなら……」など。

スピーチの最初の部分は、ことばだけではなく、感情をこめたり、力強く話せるかどうかによっても伝わり方がちがう。どんな話し方が効果的かを研究してみよう。

また、自己紹介とあわせて、どんなテーマについて話すのかを明確に伝える方法もある。

例　「ぼくの名前は〇〇です。みなさん、今日は集まってくれてありがとうございます。今日ぼくがみなさんに伝えたいのは、〇〇という問題についてです。これは、ぼくがいま、いちばん気になっていることです。なぜなら……」

2. メイン（主張・要点）

いよいよ、きみのスピーチの中心になるメッセージをしっかりと伝える部分だ。それをスピーチの核にして、深い話に続ける入口にしよう。主張は、きみのスピーチの目的やねらいを達成するために、聞いている人たちにわかりやすく伝えることがたいせつだ。絶対におぼえてほしいことや記憶にとどめてほしいこと、いちばん伝えたいことを、なるべく短く、わかりやすいことばで伝えよう。

例　「児童労働をさせられている子どもたちを解放するために、いますぐ協力してアクションを起こすべきです。」

つぎに、なぜそういう主張をするのかを、論理的に、三つていどの文章で説明しながら、きみの考えを伝えよう。

例 「なぜなら、児童労働をする子どもたちは、いまこの瞬間も子ども時代をうばわれ、学ぶ機会をうばわれ、過酷な環境で働いています。……」

主張を伝えたい理由を説明したら、それをより理解してもらえるような事例やストーリーを紹介しよう。

例 「実際にインドでは、借金のかたに売られ、朝から晩まで奴隷のように働かされている少年がいます。また、……」

ポイント！
最初のI＝Influence（影響）をここで使おう。

＊事実や統計を用いたり、問題の原因や、その重大さ、深刻さ、解決されていない理由などについて話してみよう。

＊すべてのポイントにおいて、自分の「信念」に結びつけて、主張や要点を説明する方法もある。

＊たんたんと発表するのではなく、ストーリー（物語）として話すと、「それから？」と興味をもって聞いてもらえる。実際にきみが体験したことや、問題について調べているときに思ったこと、読んだできごとや事例を紹介しよう。自分の感情や経験、責任をもってかかわっている理由などを伝えてもいい。

3. まとめ

自分の信念、またはメインの主張・要点をもう一度、短く伝えて記憶にとどめてもらおう。

ポイント！
ふたつめのI＝Involve（かかわり）をここで使おう。

＊聞いてくれた人が、その問題に対してできることを紹介しよう。

＊いっしょに活動したいという気持ちになった人が、参加できる方法（連絡先など）も伝えるといい。

ポイント！
最後のI＝Inspire（やる気）をスピーチの終わりに使って、みんなのやる気を引き出そう！

＊名言などを紹介して話を終えるのも効果的。これからの活動を通して、その名言がはげましとなるはず。また、その名言を他のところで聞いたときに、きみのスピーチのことを思い出してもらえるよ。

最後は感謝をこめて元気よく「ありがとうございました！」とあいさつ。聞いている人たちや司会の人にも、これでスピーチが終わりだということが伝わるようにね。

スピーチ・アウトライン・ワークシート

自分の話したい内容を考えるために、このワークシートを使ってみよう。上から順に全部の項目をうめる必要はないよ。書きやすいものからでOK。

1. 前もって考えておくこと

ホワイ
WHY?

なぜ、このスピーチをするのか？
伝えたい自分の信念・主張・要点は？

（例）学校の先生に頼まれたから。いっしょに活動する仲間をふやしたいから。児童労働問題について、日本の中学生にもできることがあると知ってほしいから。

ホワット
WHAT?

何がこのスピーチで使えるのか？

（例）プロジェクターとパソコン。模造紙、ポスター。

フー
WHO?

だれにこのスピーチをするのか？
聞く人の年齢や人数は？

（例）〇〇学校中学1年生の1クラス40名と先生。英語の授業。全部英語でおこなう。

ホウェア
WHERE?

どこでこのスピーチをするのか？

（例）〇〇学校の2階にある視聴覚室。

ホウェン
WHEN?

いつスピーチをするのか？　時間制限は？

（例）〇月〇日〇曜日、〇時から5分間。

2. スピーチの構成（こうせい）を考えよう

おいしいハンバーガーをつくろう！

スピーチの **テーマ**	きみがとりくみたい問題
	例 世界の児童労働について

スピーチの **目的**	スピーチをすることで、めざす最終ゴール
	例 児童労働からすべての子どもを解放する。

スピーチの **ねらい**	目的を達成するために、今回のスピーチでめざすこと
	例 聞いている人が児童労働のことを知り、小さなことでもよいのでアクションをとる。

イントロ（導入）

★ あいさつをしよう！（自己紹介、集まってくれた人に感謝など）
★ つかみ

例 この学校はサッカー部が人気みたいですが、わたしはむかし行ったカンボジアで子どもたちとサッカーをしたことが思い出のひとつです。

例 みなさんは携帯を持っていますか？わたしたちが使う携帯が原因で殺し合いをさせられている子ども兵士がいるということを知っていましたか？

メイン

① 伝えたいことは何だろう？

例 児童労働は子どもにとって有害です。

② どうしてそう思うの？

例 なぜなら、児童労働をしている子どもは学校に行くことができず、生きていくために必要な知識を身につけることができないから、おとなになっても安定した職業につけません。

③ たとえば、どんなことだろう？

例 たとえば、じゅうたん工場に売られて奴隷のような仕事をさせられている子ども。仕事をまちがえたり失敗するとなぐられたり、ご飯をもらえなかったりする子どももいるのです。もし、わたしが同じ立場だったら、悲しみにくれているでしょう。

まとめ

★ 伝えたいことをもう一度！

例 同じ子どもとして許せない！だから、児童労働をなくしたいのです。

★ みんなにできることを提案しよう！

初級：

中級：

上級：

話を聞いてもらったお礼を忘れずに伝えよう！

例 聞いてくださってありがとうございました。

7 実際にスピーチをやってみよう！

さあ、いよいよ実際のスピーチだ！はずかしがらず、大きな声でどうどうと話そう。

原稿が用意できたら、いよいよスピーチの練習だ。人前で話すのがにがてな人でも、いくつかのテクニックをおぼえれば、自信をもってスピーチできるようになるよ。

● 話し方のテクニック

声のトーンや強弱によっても、聞いている人たちに「何かしたい！」という気持ちをあたえることができる。だから、スピーチでは「はっきり」「表現ゆたかに」話すようにしよう！　漢字の読み方や単語のアクセントなどもまちがえないように。

① 速さ……ほとんどの人は、緊張するといつもより速くしゃべる傾向がある。だから、スピーチではいつもよりゆっくりと話すように心がけよう。でも、あまり遅すぎても、聞く人がイライラしたり、たいくつに感じるかもしれないから、ほどほどに。

「これはすごい！」という内容のところは元気よく、ことばを強めて。「ここは真剣に聞いてほしい」というところはゆっくり、しっかりと話すといいよ。

原稿に、速く読むところは細かい波線、ゆっくり読みたいところはゆるやかな波線を下に引いて、全体のメリハリを考えてみよう。

② ポーズ……とくに強調したいことを伝える前にはポーズ（間）を入れよう。間があると、聞く人はつぎにくることばを待って耳をかたむけてくれるからね。原稿で、ポーズを入れたいところに∨印を記入してみるといい。

でも、間をおく場所をまちがえると「話すことを忘れたのかな？」と思われるから気をつけて。「えー……」「あのー……」「えっと……」などと口ごもるのもさけよう。

③ 感情……たんたんと原稿通りに話すだけでは、つまらなく聞こえて、聞く人がたいくつしてしまう。感情をこめて、メリハリをつけて話そう。問題だと思うことを話すときはちょっと怒った感じ、残念なことを話すときは悲しい表情で、など、内容にあわせて気持ちを表現しよう。原稿にも「悲しく」「楽しそうに」などと書いておくといい。

④ 音量……その場にいる全員に、しっかり、はっきりと聞こえるように話そう。だれでも緊張すると声が小さくなる傾向があるから、「ちょっと大きすぎるかも？」と思うぐらいでも大丈夫。強調したいところは大きな声で話したり、逆にわざと小さい声で話すテクニックもある。そうすることによって、聞く人が耳をすましてくれることもある。

音量をだんだん大きくしたり、だんだん小

さくすることもできる。楽譜に使う記号を使って、大きく読むところはf（フォルテ）、小さく読むところはp（ピアノ）、だんだん大きくするところは＜（クレッシェンド）、小さくするところは＞（デクレッシェンド）を原稿に書いてみよう。

● アクションのテクニック

① ジェスチャー（身ぶり手ぶり）……スピーチの内容を理解してもらうのに効果的。
・「わたし、ぼく」→自分を指さす
・「みなさんに伝えたいことがあります」→聞いている人たちに向けて手を広げる
・「三つお願いがあります」→指を3本見せる
・「おかしいと思います」→こぶしを振る
・「いっしょに活動しましょう」→両手を合わせて胸の前でにぎる　……などなど。
　ジェスチャーをするときは、自信をもってどうどうと。中途半端に遠慮したジェスチャーは、かえって逆効果になるからね。

② アイコンタクト……聞いている人の目を見て話すことで気持ちを伝える。目を合わせることで「この人はわたしに語りかけているんだ」と聞く人の心をつかむことができる。

　逆に、目を見ずに下ばかり見て話していると、自信がないように思われたり、「別に聞かなくてもいいや」と思われてしまうよ。

　ひとりの人だけをずっと見たり、あわただしくあちこちに視線を向けるのもよくない。会場全体のなかで、前のほう、後ろのほう、右側と左側など、何人かの人を目印にして、順番に視線を移していくといい。

③ **表情**……声だけではなく、顔にも感情はあらわれる。自己紹介は笑顔で、真剣な話をするときはまじめな顔で話そう。また、息づかいにも感情はあらわれる。話を区切るところ、だいじなことを言う前など、深く呼吸をするポイントを意識しておこう。

● 話すときの態度と姿勢

　スピーチの研究によると、スピーチの内容よりも、話す人の態度や姿勢のほうが、聞く人に大きな影響をあたえるとされている。

　5章で伝えたように、スピーチでいちばんたいせつなのはPassion（情熱）だ。「いいスピーチ」とは「うまいスピーチ」のことじゃない。たいせつなのは技術よりも、人の心を動かすこと。どんなに上手な構成で書かれたスピーチでも、話す人の気持ちが入っていなければ、聞いている人の心には伝わらない。つっかえても、つまずいても、一生懸命、心をこめてきみのPassionを伝えようとすれば、ちゃんと伝わるよ。

> **よいスピーカーの姿勢**
>
> ① 笑顔でいる（悲しい内容のときは別）。
> ② 前を見て、ときには全体を見わたしながら、聞いている人たちと目を合わせる。
> ③ 肩ひじを張らずにリラックス。
> ④ ポケットに手を入れたり、髪の毛をかき上げたりするクセがある人は、手にペンなどをもってみる。
> ⑤ 足は肩幅くらいに広げ、体重は両方の足にバランスよくかける。
> ⑥ 手も足もぶらぶらさせない。

● 友だちやおとなに協力してもらおう

スピーチを考えたり練習したりするのに、ひとりでやっていても、なかなかうまくはならない。仲間がいたほうが楽しいし、スピーチの技術も身につくよ。話し手と聞き手の役割を交代しながら、おたがいにアドバイスしあったり、感想を言いあったりすることで、よりよいスピーチができるようになっていく。

それに、何人かでいっしょにスピーチを発表するほうが、ひとりでスピーチができる場を探すよりも見つけやすいよ。

本番の前に、学校の先生や、経験のある先輩、お兄さんやお姉さん、お父さんやお母さんなど、まわりの人にスピーチを聞いてもらうのもいい。どんな点がよかったか、改善したほうがいい点などを教えてもらうと、きみのスピーチはもっとよくなる。だから、はずかしがらずに、どんどん家族や先生など、おとなに協力してもらうことを考えよう。

［アドバイスをもらうときのいい方法］

1回目は、最初から最後まで聞いてもらってから、感想を言ってもらう。
2回目は、スピーチのとちゅうで何か気がついたところがあったら、いったん止めて、その場で感想やアドバイスを言ってもらうようにしよう。

● Do's and Don'ts
── するべきこと、してはいけないこと

すばらしいスピーチをするためのひけつは「楽しむ」こと。やる前から「つまらない」「だるい」「不安」などと思っていると、聞いている人たちにもそれが伝わってしまうよ。スピーチを楽しみながらするために、以下のことを考えてみよう。

するべきこと（Do's）

① はじめる前に、大きく深呼吸。
② 会場がざわざわしていたら（とちゅうでざわつきはじめたときも）おさまるまで待つ。
③ 目を合わせてアイコンタクトをとろう。聞いている人にほほえみかけてみよう。
④ 全体を見わたして話しかけよう。いちばん後ろにいる人にも、「わたしに話しかけているんだ」と思ってもらえるように。
⑤ 特別な理由がないかぎり、なれていない服装や靴はさけよう。
⑥ ふだんよりゆっくり、そしてふだんより大きな声で、はっきりとていねいにしゃべろう。

してはいけないこと（Don'ts）

① 腕や手を組んだり（前でも後ろでも）、手をポケットや袖の中に入れたりしない。
② 手をぶらぶら振らない。
③ 体重を左右に移してゆらゆらしない。
④ ガムやあめを口に入れたまま話したり、マスクをしたまま話したりしない。
⑤ 原稿を読まない。必要なポイントだけを書いた小さなメモを見るのはいいよ。

● 写真や動画を活用しよう！

　写真や動画を見せると、スピーチの内容をより伝えやすくなる。人間の学びの8割は、視覚（目で見たもの）によるとされる。スピーチの内容にそったスライドを用意したり、ポスターや模造紙に書いたものを掲示して見せたりしてもいい。写真や動画があると、聞く人たちも内容を頭のなかで想像しやすくなり、より深く共感してくれる。また、スライドを使うと、原稿のメモを持たなくても、準備した内容にそって話ができるので便利だよ。もちろん、スライドに話す内容をぜんぶ書いて、そのまま読みあげるのはダメ！

● スライドを使うときの注意点

① スライドを使えるかどうか、会場の設備を前もって確認すること。パソコンやプロジェクターはもちろん、スクリーンがない、音響設備がないといった会場もある。電源の位置も確認しておく必要がある。練習に使ったのとちがう機材を使うときは、とくに注意が必要。前もってテストをしておこう。
② 照明のテストも前もってしよう。明るすぎるとスライドが見えにくいし、暗すぎると話す人の表情が見えない。だれかに照明を操作してもらうときは、その確認もしておこう。
③ スライドの操作は自分でするのか、だれかに頼むのかを決めておく。自分でする場合は、クリッカー（リモコン）を用意すると、自由に動きながらスピーチができる。だれかにお願いするときは、スライドを切り替える合図をあらかじめ決めておこう。原稿にスライドを切り替える場所を書いてわたしておくと確実だ。

● 質疑応答の時間

　スピーチの後に、会場からの質問に答える時間を取ると、内容について、より効果的に説明することができるよ。
① 前もって聞かれそうな質問を考えて、答え方を準備しておくと、自信をもって答えられる。
② 質問が出たら、質問した人のことばを、自分でもくり返して言ってみよう。そうすることで、質問した人の意図と食いちがいがないか確認できる。それに、質問をゆっくりとくり返すことによって、そのあいだに落ち着いて答えを考えることができるよ。
③ むずかしい質問や、わからない質問には正直に「わかりません」と答えよう。知ったかぶりはＮＧ！「あとで調べて連絡します」などと伝えることもできる。
④ どんな質問にも、誠意をもって対応しよう。いじわるな質問や失礼な質問にも敬意をはらおう。質問した人は、勇気をふりしぼって聞いてくれたのかもしれない。前の人と同じ質問をされたときも、「さっきの答えではわかりづらかったかもしれないですね」と、もう一度説明しよう。
⑤ 質問が出なくても、「よくこういう質問をされますが……」と自分から話してもいい。「逆に、みなさんに質問です」と、用意しておいた質問を投げかけてもいいよ。

8 子どものスピーチの例を読んでみよう！

はるかさん（12歳）のスピーチ　2013年10月27日　地元の中学校の文化祭にて

スライド　自分の写真

こんにちは。わたしの名前は與座遥です。小学6年生です。

スライド　ネコの写真

わたしはネコが好きで飼っているのですが、わたしのネコがつい最近結婚して赤ちゃんが4匹生まれました。（元気よく）新しい命が生まれて、とてもうれしかったです！

スライド　子ども兵士の写真

でも、世界では、命が失われていることも、みなさんは知っていますか？（ポーズ）子どもなのに、殺しあいをさせられている（ポーズ）「子ども兵士」たちがいます。

スライド　子ども兵士ミシェルの写真

ある男の子は、5歳のときに、サッカーをして遊んでいたら誘拐されて、子ども兵士として殺しあいをさせられたそうです。

スライド　家族の写真

わたしには6歳の弟がいますが、そんなことになったらとても悲しいです。（ポーズ）みなさんは、自分がそうなったり、自分の弟や、自分の子どもがそうなったりしたら、どう思いますか？（ポーズ）

スライド　携帯電話の写真

しかも、その子たちが殺しあいをさせられているのは、先進国にいるわたしたちが使っている携帯やパソコンなどに入っている（ゆっくり）「レアメタル」というものが原因なのです。すべての機械に使われているわけではありませんが、使われているかどうかチェックしていないと、わたしたちが殺しあいをさせていることになります。

スライド　数字

いま世界にはおよそ30万人の子ども兵士がいるといわれています。その子たちは、学校に行って勉強したり、遊んだりすることができません。わたしたちがいましているように、イベントやコンサートに行くこともできません。

スライド　英会話の写真

わたしは5年生のときに、学校での勉強以外にも、FTCJで英語を習うことになりました。そこで、みんなが楽しそうにボランティアしているのをみて、わたしもすることにしました。

| スライド | ボランティアの写真

また、自分だけでするのではなくて、学校の友だちもつれていって、みんなで楽しくボランティアをしました。

| スライド | アクション・キッズの写真

そして、ボランティア以外にも、アクション・キッズというチームに参加して、児童労働の劇に参加しました。

| スライド | キャンプの写真

また、去年も今年も、春休みにあるFTCJのテイク・アクション・キャンプに参加して、世界の問題や自分にできることについて学びました。

| スライド | 自分にもできる！の写真

それは小さいことかもしれませんが、いろいろやることで、自分にもできることがあるんだと思いました。

| スライド | 男女、国籍などの写真

世界を変えるためには、若すぎるからできないとか、若くないからできないとかはありません。男だからとか、女だからとかもありません。国籍や人種も関係ありません。

| スライド | やるかやらないか！の写真

やるかやらないかです。いそがしくても、できることはあります。子どもだからこそできることもたくさんあります。

| スライド | 話す写真

わたしのように、だれかに話すだけでも、そこから何かが変わりはじめるので、ぜひみなさんも、まずだれかに話してみてください。

| スライド | 子どもはいまのリーダー！

子どもは未来のリーダーだけではなくて、いま現在、できることもたくさんあります。

| スライド | 考えてみてください

考えてみてください。ここにいる全員が行動を起こしたら、どれだけ日本が、そして世界が変わるかを。わたしたちみんなでいっしょにこの世界に住んでいます。いっしょに活動しましょう！　ありがとうございました。

オクサナさん（18歳）のスピーチ　2014年3月31日　東京で開かれたFTCJのイベント「Mini We Day」にて

　みなさん、こんにちは。カナダから来たオクサナ・キシュチャックです。わたしは7年生（日本の中学1年生）のころ生徒会のメンバーとして、クレイグのスピーチを聞きに行くことになりました。クレイグは世界中の若者がフリー・ザ・チルドレンとともに、どのようにして変化をつくってきたのかについて話し、「わたしにも世界で変化をつくれるはず！」とわたしも思いました。

　スピーチを聞いたあと、わたしはケニアに学校を建てるスタディツアーのパンフレットを持ち帰りました。家に着き、家族に「わたしケニアに行く！」と言いました。両親は最初ちょっとびっくりしていました。何が起きたのかわからなかったんだと思います。でも、わたしはすてきな両親に恵まれていて、条件つきでケニアに行くことに賛成してもらいました。

　ひとつめの条件は、自分で費用の半分を出すことでした。そのために、あらゆるものを節約し、誕生日やクリスマスのプレゼントをもらうかわりに、ケニアに行くためのお金を頼みました。ふたつめの条件は、わたしといっしょにケニアに行ってくれる人を探すことでした。そこで、たくさんの旅行経験のあるおばに、いっしょに行ってくれないかとお願いしたところ、いいよと言ってくれました。

　2011年の夏、9年生が終わったときに、やっとケニアに行くのに十分なお金を集めることができました。ケニアに行って学校を建て、現地の子どもたちと遊び、村の女性から水を運ぶ方法を学び、マサイ族の戦士として訓練を受け、キリンにキスもしました！

　しかし、わたしはカナダに帰ってきても、ずっと頭から離れないことがありました。それは、ケニアにいるあいだに聞いた、フリー・ザ・チルドレンの小学校に通っている男の子とスタッフのやりとりでした。

「卒業したらどうするの？」

「キサルニ中等学校に行きます！」

「キサルニは女子校って知ってるでしょ？あなたは男の子じゃない。」

「知ってるよ。でもぼくはフリー・ザ・チルドレンが男の子を見捨てないってことも知ってるんだ。」

　そこで、ケニアのスタディツアーに参加したみんなで、ケニアに男の子の中等学校を建設するために1億2000万円集めることにしました。わたしはディナーショーを2回とチャリティ・コンサートにかかわりました。コンサートには、ケニアの男の子たちの合唱団も招待しました。わたしは友だちといっしょに1500万円集めることができました。

　なぜ、わたしはこのようなことをしていると思いますか？　ボランティア活動はわたしに何をあたえたと思いますか？　そして、なぜ、みなさんもボランティア活動をするべきだと思いますか？

　募金活動を始める前は、わたしはとってもとってもはずかしがりやで、人前で話をすることは絶対にむりでした。しかし、募金活動

を通じて、小さなグループの前でも、We Day という1万5000人が集まるイベントでも、スピーチをすることを学びました。学校での発表能力も上がり、自分がやることに対して自信もつきました。

また、ボランティアをしたことで、運営についても学び、学校やふだんの生活の整理方法も上達しました。文章の作成も上手になり、学校での1週間の計画や、高校卒業後の計画なども立てられるようになりました。

他にも、海外に行ったことによってたくさんの親友ができ、大学受験や将来の就職などをサポートしてくださる企業の社長さんや実業家にも会い、わたしはみんなからたくさんのことを学びました。インスピレーションをあたえてくれる友だちは、夢をかなえるために必要だということに気づきました。

さらに、わたしはわたし自身について、そしてわたしが将来何をしたいのかについて学びました。自分がもっている人生の価値観や、どんな大学に行って、どんな仕事をしたいのかがわかりました。わたしは世界中の若者といっしょに、国際発展の仕事をしたいです。

「自分は何をすればいいのかわからない」と思う人もいるかもしれませんね。むずかしそうに聞こえるかもしれませんが、実はとても簡単なことです。

まず、みなさんが情熱をもっているものを見つけてください。わたしは、それを簡単に見つける方法を以前聞いたことがあります。それは、「愛＋怒り＝情熱」です。みなさんがとても愛しているもので、不当なあつかいをされたら怒ってしまうようなものを見つけてください。そのふたつをもっているものが、みなさんの情熱です。

また、どのように問題を解決するのか、計画を立てましょう。大きく立てても、小さく立ててもいいと思いますが、夢を大きくもって、制限はかけないでください。制限をかけてしまうと、みなさんがもっとできるかもしれないことに気がつかなくなってしまうかもしれません。

そして、最後までやりとげましょう。これがいちばんむずかしいかもしれませんが、自分自身でむずかしくしているかもしれません。わたしたちにはたくさんの友だちや先生などがいて、たとえ知らない人でも、よろこんで助けてくれる人が出てきます。心から助けあうグループをつくれば、みなさんの計画は実行することがとても簡単になります。

みなさんは世界を変えるために必要なものを全部もっています！　わたしは、みなさんが情熱を見つけられることを信じていて、みなさんの夢がどのようにかなっていくのか聞くことを楽しみにしています。

スピーチを聞いてくださって、ありがとうございました。

おわりに

みなさん、いかがでしたか？ 自分にもスピーチができそうだと思えたでしょうか？

ピアノがうまい人、スポーツがうまい人、絵がうまい人がいるように、スピーチにも得意、不得意はあります。でも、ピアノもスポーツも絵も、コツをつかんで練習をすれば上達するように、スピーチもポイントをおさえて練習をすれば、かならず上達します。

だから、あせらなくても大丈夫。もし、やってみてうまくいかなかったと思っても、悪かったと思うところを書き出して、改善して、また練習すれば、きっとよくなります。

むりに大げさなジェスチャーを入れようとしたり、笑いをとろうとしたり、うまく話そうとしなくても大丈夫。あなたらしいスピーチでいいのです。心をこめて伝えたいことを、あなた自身のことばで伝えることがたいせつなんだということを、おぼえておいてください。

実際に世界を動かした子どもたちのすばらしいスピーチは、この本の2巻、3巻にたくさんのっているので、ぜひ、そちらも読んでみてくださいね。

フリー・ザ・チルドレン・ジャパン
中島早苗

編者 特定非営利活動法人 フリー・ザ・チルドレン・ジャパン（FTCJ）

1995年、当時12歳のカナダの少年クレイグ・キールバーガーにより、
貧困や搾取から、そして「子どもは無力」という概念から子どもを解放するために
設立されたNGOフリー・ザ・チルドレン（FTC）の日本支部。
1999年より日本での活動を開始し、現在は1000人以上の
子ども・若者メンバーが参加。
開発途上国の子ども支援や国内の子どものエンパワーメントをうながす
アドボカシー事業などを、子どもたちがリーダーとなって
みずから企画・運営もしている。
ウェブサイト　http://www.ftcj.com/
電話　03-6321-8948

著者 中島早苗 なかじま・さなえ

フリー・ザ・チルドレン・ジャパン代表理事。
1997年にアメリカの環境保護団体でインターン中にFTCを知り、
帰国後に日本支部を設立。訳書に『キッズ・パワーが世界を変える』、
著書に『フィリピンの少女ピア』（ともに大月書店）。
2007年国際ソロプチミストより「青少年指導者育成賞」受賞。

天野Faith冬樹 あまの・フェイス・ふゆき

FTCJモチベーション・スピーカー／ファシリテーター。
日本と韓国のミックスでアメリカ育ち。2006年に日本の自殺者を
減らしたいと来日。2009年のクレイグの来日講演時の通訳をきっかけに
FTCJスタッフとなり、各地での講演や通訳の活動をおこなっている。

チャレンジ！キッズスピーチ 英語対訳つき 1
できるよ！はじめてのスピーチ

2015年2月20日　第1刷発行

定価はカバーに表示してあります

編　者　フリー・ザ・チルドレン・ジャパン
著　者　中島早苗　天野Faith冬樹
発行者　中川 進
発行所　株式会社 大月書店
　　　　〒113-0033 東京都文京区本郷 2-11-9
　　　　電話（代表）03-3813-4651　FAX 03-3813-4656
　　　　振替 00130-7-16387
　　　　http://www.otsukishoten.co.jp/

デザイン　なかねひかり
イラスト　桑田木綿子
印　刷　光陽メディア
製　本　ブロケード

© Free The Children Japan 2015

本書の内容の一部あるいは全部を無断で複写複製（コピー）
することは法律で認められた場合を除き、著作者および出版
社の権利の侵害となりますので、その場合にはあらかじめ小
社あて許諾を求めてください。

ISBN978-4-272-40506-0　C8336　Printed in Japan

スピーチ印象チェックシート

自分で チェック！

なまえ _____

全体

よかった点	改善すべき点

声
- 抑揚（声の強調）がある …………… 棒読み（単調）
- 口の動き はっきり …………… もごもご

顔
- 目線 下（原稿）ばかり見てた …………… 聞いている人の目を見た
- 表情 豊か …………… 無表情

姿勢
- 体勢 背筋が伸びていた …………… 前傾姿勢
- 体の動き 落ち着いていた …………… 無駄な動きをしていた（落ち着きがない）
- 手の動き 自然なジェスチャー …………… ジェスチャーがない

話し方
- スピード はやめ …………… おそめ
- テンポ アップ・ダウンがある …………… 常に一定
- 間 重要なところに間を入れた（早口になったり、ゆっくりしゃべったり） …………… 一気に話した
- 敬語 状況に合ってる …………… なれなれしい・丁寧すぎる
- 気になる口癖 ない（えーっと、あの〜、など） …………… ある

内容

もっと詳しく 話すべき点

この話は いらなかった… と思う点

©Free The Children Japan